BEI GRIN MACHT SICH IHR
WISSEN BEZAHLT

- Wir veröffentlichen Ihre Hausarbeit,
  Bachelor- und Masterarbeit

- Ihr eigenes eBook und Buch -
  weltweit in allen wichtigen Shops

- Verdienen Sie an jedem Verkauf

Jetzt bei www.GRIN.com hochladen
und kostenlos publizieren

Christina Schnee

Die Fabel. Eine kurze Übersicht der Strukturmerkmale

GRIN Verlag

Bibliografische Information der Deutschen Nationalbibliothek:

Die Deutsche Bibliothek verzeichnet diese Publikation in der Deutschen National-
bibliografie; detaillierte bibliografische Daten sind im Internet über http://dnb.d-
nb.de/ abrufbar.

Impressum:

Copyright © 2011 GRIN Verlag GmbH
Druck und Bindung: Books on Demand GmbH, Norderstedt Germany
ISBN: 978-3-656-57557-3

Dieses Buch bei GRIN:

http://www.grin.com/de/e-book/232089/die-fabel-eine-kurze-uebersicht-der-struk-
turmerkmale

GRIN - Your knowledge has value

Der GRIN Verlag publiziert seit 1998 wissenschaftliche Arbeiten von Studenten, Hochschullehrern und anderen Akademikern als eBook und gedrucktes Buch. Die Verlagswebsite www.grin.com ist die ideale Plattform zur Veröffentlichung von Hausarbeiten, Abschlussarbeiten, wissenschaftlichen Aufsätzen, Dissertationen und Fachbüchern.

Besuchen Sie uns im Internet:

http://www.grin.com/

http://www.facebook.com/grincom

http://www.twitter.com/grin_com

Inhaltsverzeichnis

1. Einleitung

Im Seminar „Lyrische und erzählende Texte im Unterricht der Primarstufe" haben wir uns unter anderem mit dem Thema Fabeln befasst. Da Fabeltexte in fast allen Sprachbüchern in der Primarstufe angeboten werden, habe ich mich in meinem Protokoll für dieses Thema entschieden. Durch ihre Kürze und Prägnanz ist die Fabel ein beliebtes Thema für den Unterricht.

In meinem Protokoll werde ich auf die wesentlichen charakteristischen Strukturmerkmale einer klassischen Fabel eingehen und diese erläutern. Zunächst werde ich auf den Aufbau und den Umfang der Fabel eingehen. Anschließend werde ich handelnde Figuren und ihre Eigenschaften erörtern. Am Schluss gehe ich noch auf Angaben zu Ort und Zeit ein.

2. Aufbau der Fabel

Charakteristisch für eine Fabel ist ihre Kürze und ihre Pointe. Die Handlung ist in einer Fabel nicht abgeschlossen, sondern dient nur als ein Teil einer Kurzszene mit nur einem Erzähler.

Der Aufbau ist vierteilig und unterteilt sich in folgende Prinzipien:

- Darstellung der Ausgangssituation
- Handlung (Actio)
- Gegenhandlung (Reactio)
- Lehre

Ich möchte diesen Aufbau an Hand der Fabel „Frosch und Maus" von Martin Luther verdeutlichen.

Martin Luther: Vom Frosch und der Maus (1530)

Eine Maus wäre gern über ein Wasser gekommen und

konnte nicht und bat einen Frosch um Rat und Hilfe. Der

Frosch war ein Schalk und sprach zur Maus: Binde deinen

Fuß an meinen Fuß, so will ich schwimmen und dich

hinüberziehen. Da sie aber aufs Wasser kamen, tauchte der

Frosch unter und wollte die Maus ertränken. Indem aber

die Maus sich wehret und abmüht, fliegt eine Weihe

herbei und erhascht die Maus, zieht den Frosch auch mit

heraus und frißt sie beide.

<u>Lehre:</u>

Siehe dich vor, mit wem du handelst. Die Welt ist falsch

und voller Untreue. Denn welcher Freund es vermag, der

steckt den anderen in den Sack. Doch schlägt Untreue

allzeit ihren eignen Herrn, wie es dem Frosch hier

geschieht.[1]

Zunächst wird dem Leser ein kurzer Überblick über die Situation geliefert („Eine Maus wäre gerne über ein Wasser gekommen und konnte nicht und bat einen Frosch um Rat und Hilfe"). Informationen darüber, weshalb die Maus auf die andere Seite des Wassers möchte, werden nicht gegeben, da es für das folgende Geschehen von keiner Bedeutung ist. Zeit- und Ortsangaben werden ebenfalls nicht gemacht.

Zunächst herrscht eine Balance zwischen der Maus und dem Frosch. Die Maus bittet den Frosch um Rat und Hilfe. Die Actio geht bis zu dem Punkt, wo der Frosch bösartig wird und beabsichtigt die arme unschuldige Maus zu töten. Der Frosch macht sich Gedanken, wie er die gutmütige, naive Maus am besten töten könnte. Damit übernimmt der Frosch allein das Gesetz des Handelns. Die Spannung beim Leser steigt, während Frosch und Maus im Wasser sind. Nun beginnt die Gegenhandlung und eine Wendung tritt ein. Eine Weihe fliegt über das Gewässer, greift sich Frosch und Maus und frisst beide auf.

Die Lehre ist nicht in jeder Fabel so deutlich beschrieben, wie in dieser Fabel. Der Leser wird dazu aufgerufen, sich Gedanken über den Sinn der Fabel zu machen. So begreift der Leser den eigentlichen Aussagewert der Fabel. Dem Leser stehen aber auch eigene individuelle Erfahrungen und Lehren zur Verfügung, die er in die Lehre der Fabel einfließen lassen kann.

---

[1] vgl. Doderer, Klaus, 1970.

3

Das vierteilige Grundschema ist nicht zwingend vorhanden. In manchen Fabeln wird im Dialog die Situation nachgeholt oder das Ergebnis schon vorweggenommen, so dass ein drei- oder zweiteiliges Grundschema entsteht.

3. Umfang der Fabel

Zu einer klassischen, typischen Fabel gehören die Merkmale Kürze, Gezieltheit und Einfachheit der dargestellten Welt. Im 18. Jahrhundert betonte vor allem Lessing die Kürze und Prägnanz der Fabel. *„Wenn ich mir einer moralischen Wahrheit durch die Fabel bewußt werden soll, so muß ich die Fabel auf einmal übersehen können; und um sie auf einmal übersehen zu können, muß sie so kurz seyn als möglich. Alle Zierathen sind dieser Kürze entgegen; denn ohne sie würde sie noch kürzer seyn können: folglich streiten alle Zierathen, in so fern sie leere Verlängerungen sind, mit der Absicht der Fabel."*[2] Nach Lessing ist es also wichtig, dass man die Fabel auf einem Blick übersehen kann und alle Bevölkerungsschichten anspricht. Mit dieser Aussage kritisierte Lessing die Fabelwerke von La Fontaine und anderen Zeitgenossen. Schmückt man eine Fabel zu sehr aus, so wird ihre Wirkung abgeschwächt. Nach Lessing soll eine Fabel eine Belehrung sein und keine Unterhaltung.

Ein Beispiel einer kurzen Fabel ist „Löwe und Maus" von Babrios:

1.   *Ein Löwe hat eine Maus gefangen und will sie töten.*

2.   *Die Maus fleht um ihr Leben mit dem Hinweis, daß sie es lohnen werde.*

3.   *Der Löwe lacht sie aus, gewährt ihr aber doch die Bitte.*

4.   *Als der Löwe in ein Fangnetz gerät, nagt die Maus die Schlinge durch und   befreit ihn.*

In dieser Fabel wurde auf sämtliche Ausschmückungen verzichtet. Die Fabel bleibt eine Fabel und bekommt keinen märchenhaften Charakter. Man kann auch hier den typischen viergliedrigen Aufbau erkennen. Der Höhepunkt der Fabel steht am Ende. So zieht sich die Spannung durch die ganze Fabel.

---

[2] Dithmar,1971, 99.

4.   Handelnde Figuren und ihre Eigenschaften

Martin Luther sagte:

Was will die Fabel? (1530): Sie will betrügen zur Wahrheit. Alle Welt hasset die Wahrheit, wenn sie einen trifft. Darum haben weise Leute die Fabeln erdichtet und lassen ein Tier mit dem andern reden, als wollten sie sagen: Wohlan, es will niemand die Wahrheit hören noch leiden, und man kann doch die Wahrheit nicht entbehren, so wollen wir sie schmücken und unter einer lustigen Lügenfarbe kleiden; und weil man sie nicht will hören aus Menschenmund, daß man sie doch höre aus Tier- und Bestienmund. So geschieht's denn, wenn man die Fabeln liest, daß ein Tier dem andern, ein Wolf dem andern die Wahrheit sagt, ja zuweilen der gemalte Wolf oder Bär oder Löwe im Buch dem rechten zweifüßigen Wolf und Löwen einen guten Text heimlich liest, den ihm sonst kein Prediger, Freund noch Feind lesen dürfte.[3]

Tatsächlich sind in der überwiegenden Mehrzahl der Fabeln Tiere als handelnde Figuren vertreten. Diese treten einzeln oder auch in Gruppen auf. Ihre Charaktermerkmale sind meistens gleichbleibend. So ist der Fuchs listig und schlau. Die meisten Tiere, die in der Fabel auftreten, sind in der unmittelbaren Umgebung des Menschen zu finden, wie Fuchs, Maus, Schaf, Wolf, Esel und Lamm. Die Merkmale der Tiere sind nicht auf bestimmte menschliche Eigenschaften festgelegt. Jedoch ist in den meisten Fabeln der Fuchs der Listige, der Wolf der Gierige, der Löwe der Machthungrige und der Esel der Dumme.

Die Eigenschaften der Fabeltiere sind nicht eindimensional. Negative Eigenschaften werden oft mit Gutmütigkeit verbunden, damit der Konflikt in der Fabel entstehen kann.

In einer Fabel treten meist zwei Tiere auf, die sich konkurrierend gegenüber stehen. Es stehen sich meistens keine zwei Tiergruppen oder ein Tier und eine Gruppe gegenüber.

In Punkt 3 habe ich den Umfang der Fabel erläutert. Wichtig war hier die Kürze der Fabel. Daher sind auch die Figuren in einer Fabel begrenzt. Würden sich mehrere Figuren gegenüberstehen, so würde sich die Handlung ausdehnen.

Die Tiere schlüpfen durch ihren Charakter in die Rolle des Menschen und in das menschliche Verhalten. So repräsentieren sie den Menschen aber sprechen ihn nicht an. Der Mensch fühlt sich nicht zur Wahrheit betrogen. Man spricht von einer integrativen Vereinigung von menschlichen und tierischen Eigenschaften. In Fabeln kann auch Irreales als real Mögliches geschildert werden.

---

[3] 1 Schoebe,1987, 38.

Das Aussehen der Fabeltiere wird meistens nicht geschildert, da es für die Aussage der Fabel nicht von Bedeutung ist. Ein Tier wird nur dann beschrieben, wenn diese Schilderung für die Aussage wichtig ist.

5. Angaben zu Ort und Zeit

Dieser Aspekt stützt sich ebenfalls auf den Umfang der Fabel. Damit die Kürze der Fabel gewährleistet werden kann, werden neben der Eigenschaften der Fabeltiere auch Angaben zu Ort und Zeit der Handlung meistens nicht gemacht. Die Handlung spielt meistens an einem einzigen Ort und in einer Zeitspanne, der nicht länger ist, als ein kurzer Dialog.

Konkrete Orts- und Zeitangaben sind nur sehr selten zu finden. Kommen diese Orts- und Zeitangaben in einer ausführlichen Beschreibung vor, so entfernt sich die Fabel wieder von ihrer klaren Struktur. Es entsteht eine unterhaltsame Erzählung. Kommen solche Ausschmückungen vor, so sind sie von dem Autor meist mit Absicht geschehen. Einige Autoren, wie z.B. Erasmus Alberus (ca. 1500-1533) wollen ihrer Fabel eine realistische Funktion zusichern.

Die meistens Fabeldichter, lehnen solche Ausschmückungen jedoch ab, da dadurch die Fabel nur inhaltsleer verlängert wird.

6. Literaturangaben

- Dithmar, Reinhard, 1971: Die Fabel. Paderborn: Schöningh
- Doderer, Klaus, 1970: Fabeln, Formen, Figuren, Lehren. Zürich: Atlantis
- Schoebe, Gerhard (Hrsg.), 1987: Verstehen und Gestalten. 6. Schuljahr. Baden-Württemberg. München: Oldenbourg